Este libro de colorear pertenece a:

....

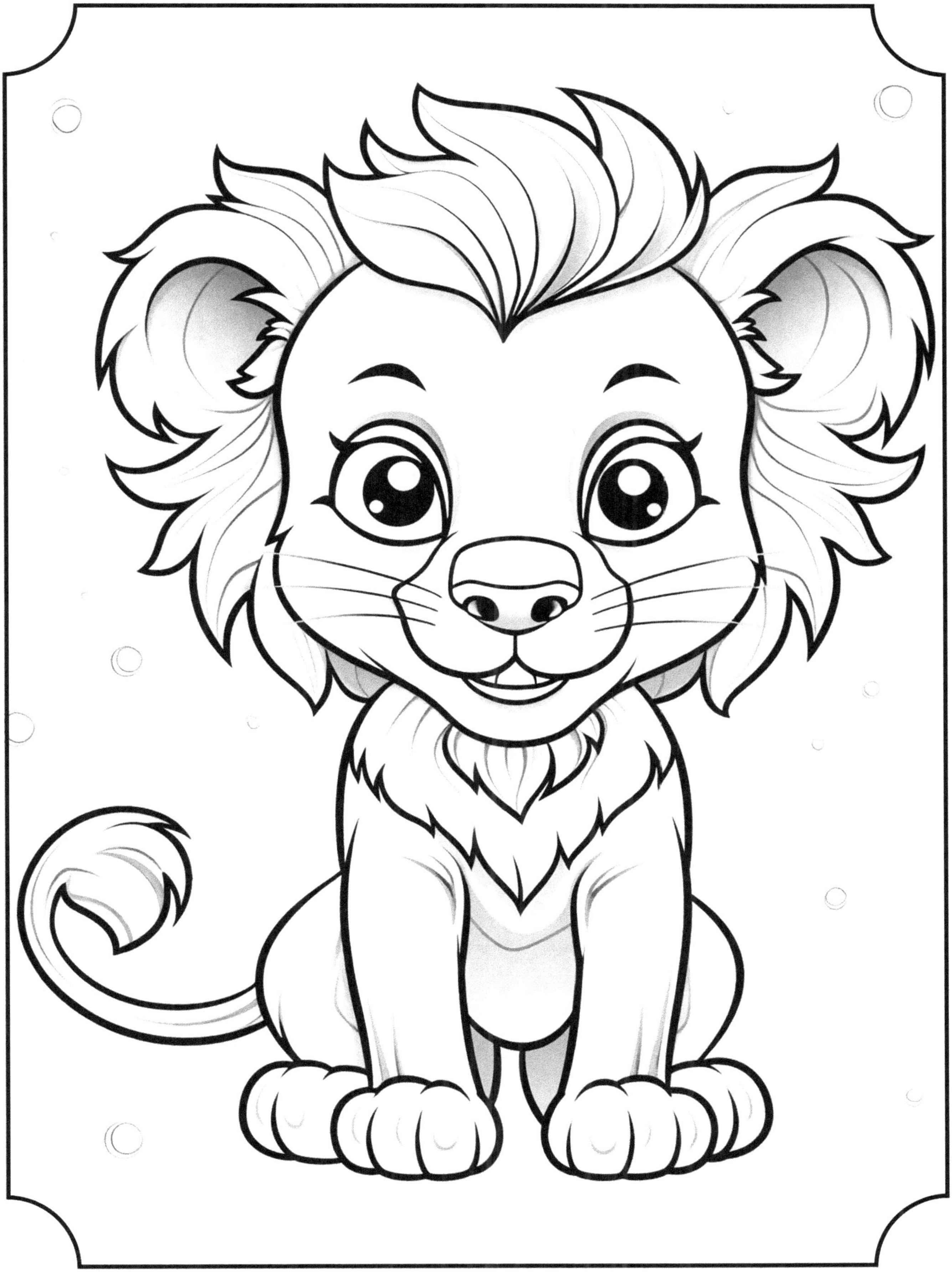

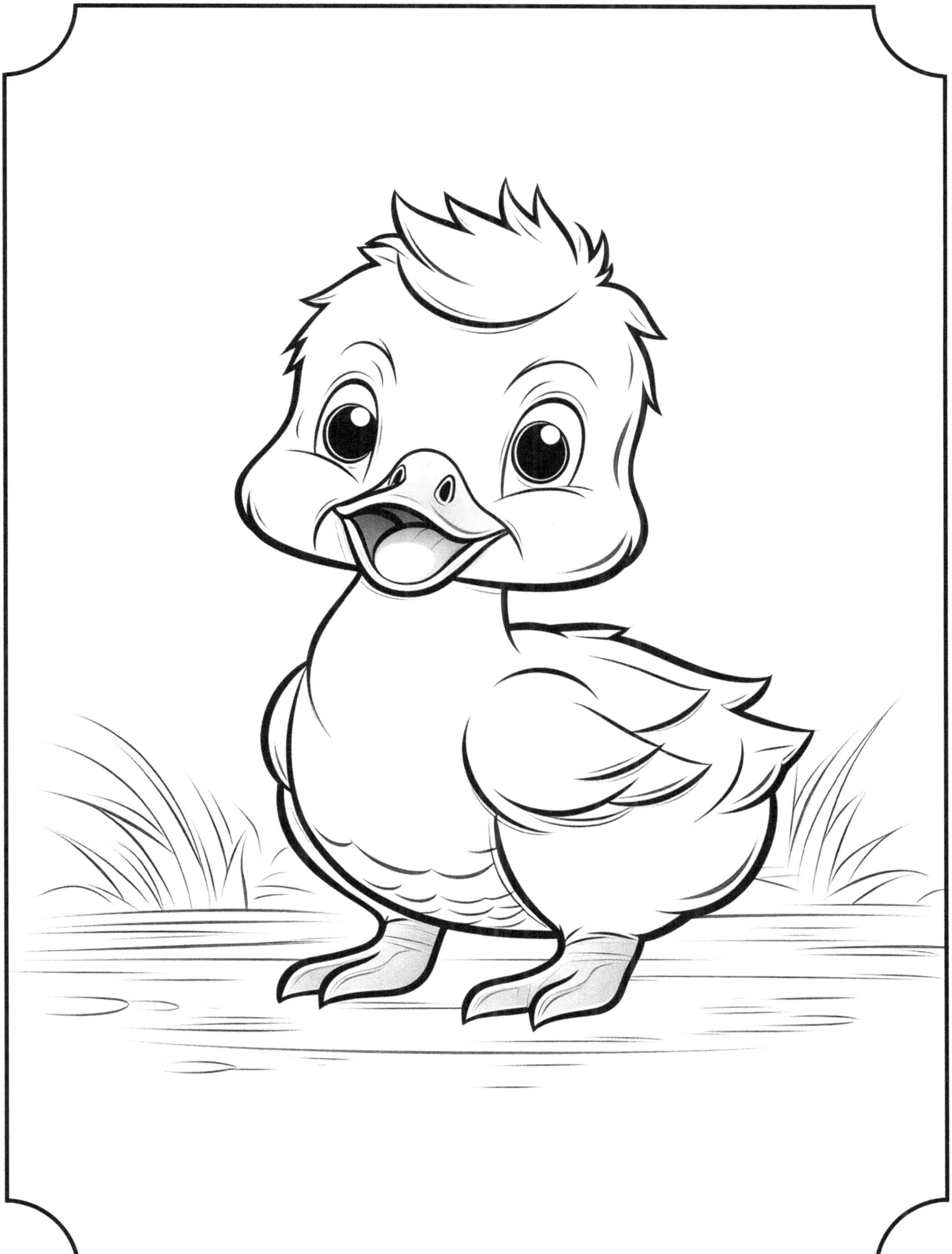

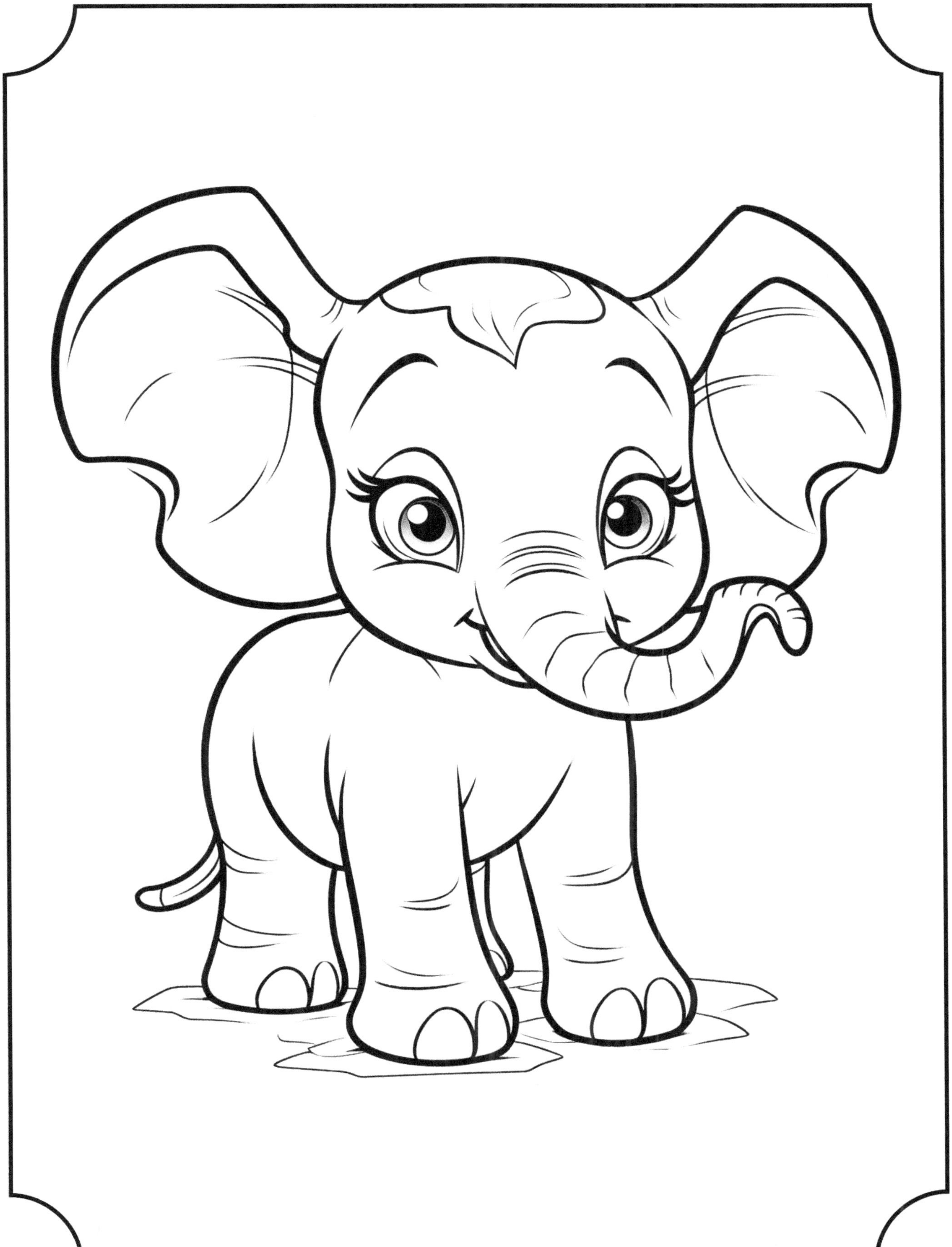

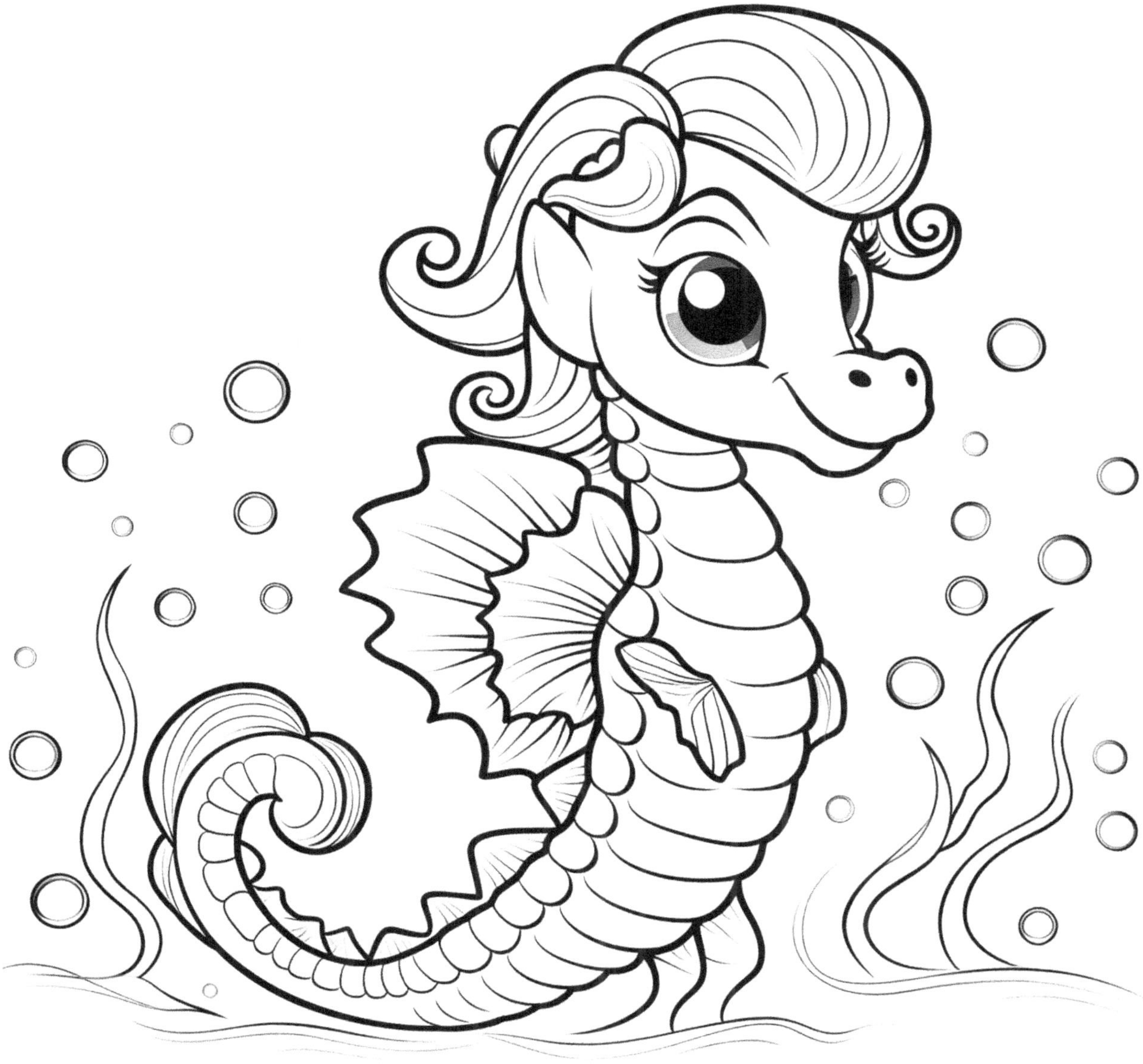

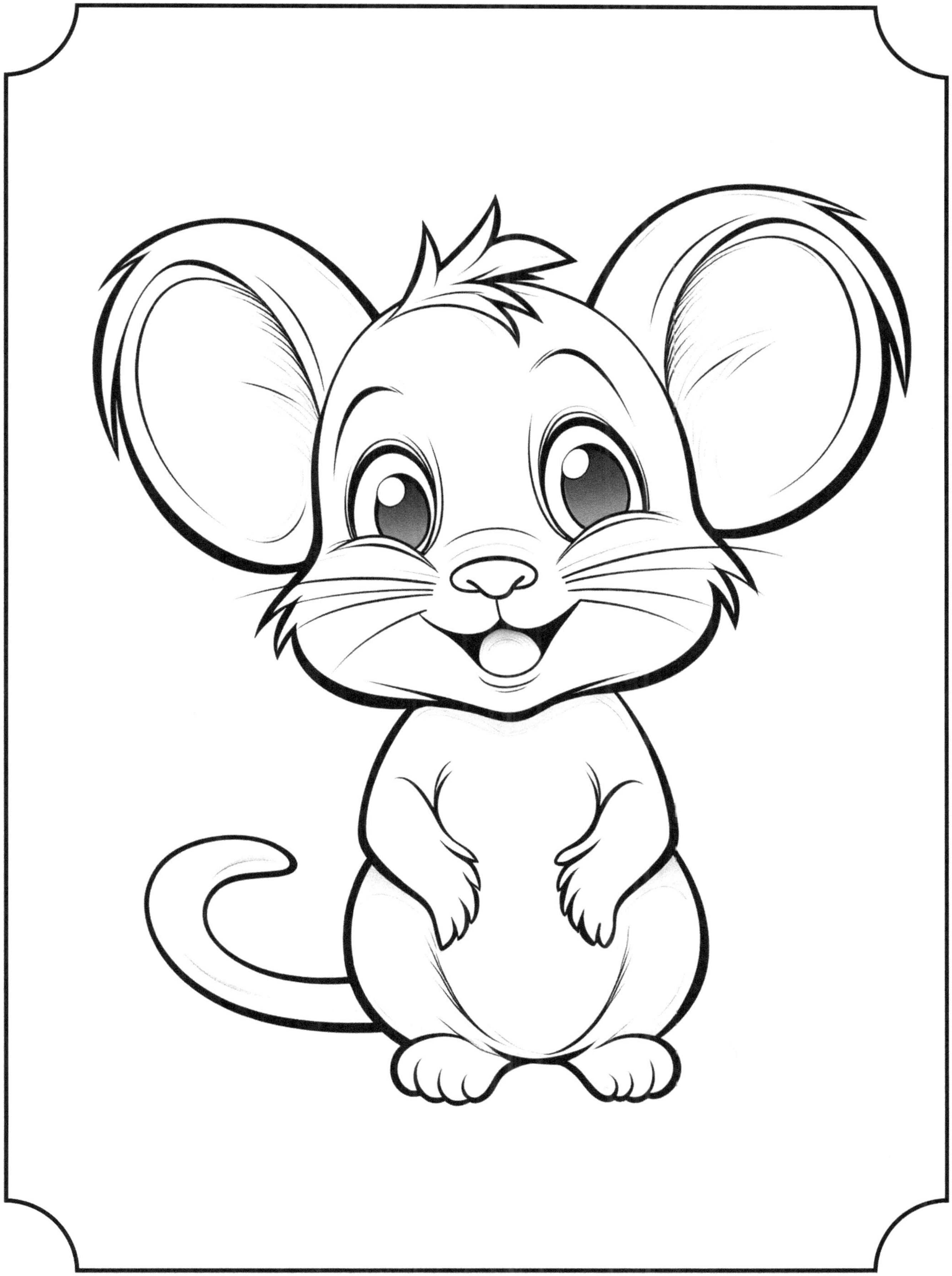

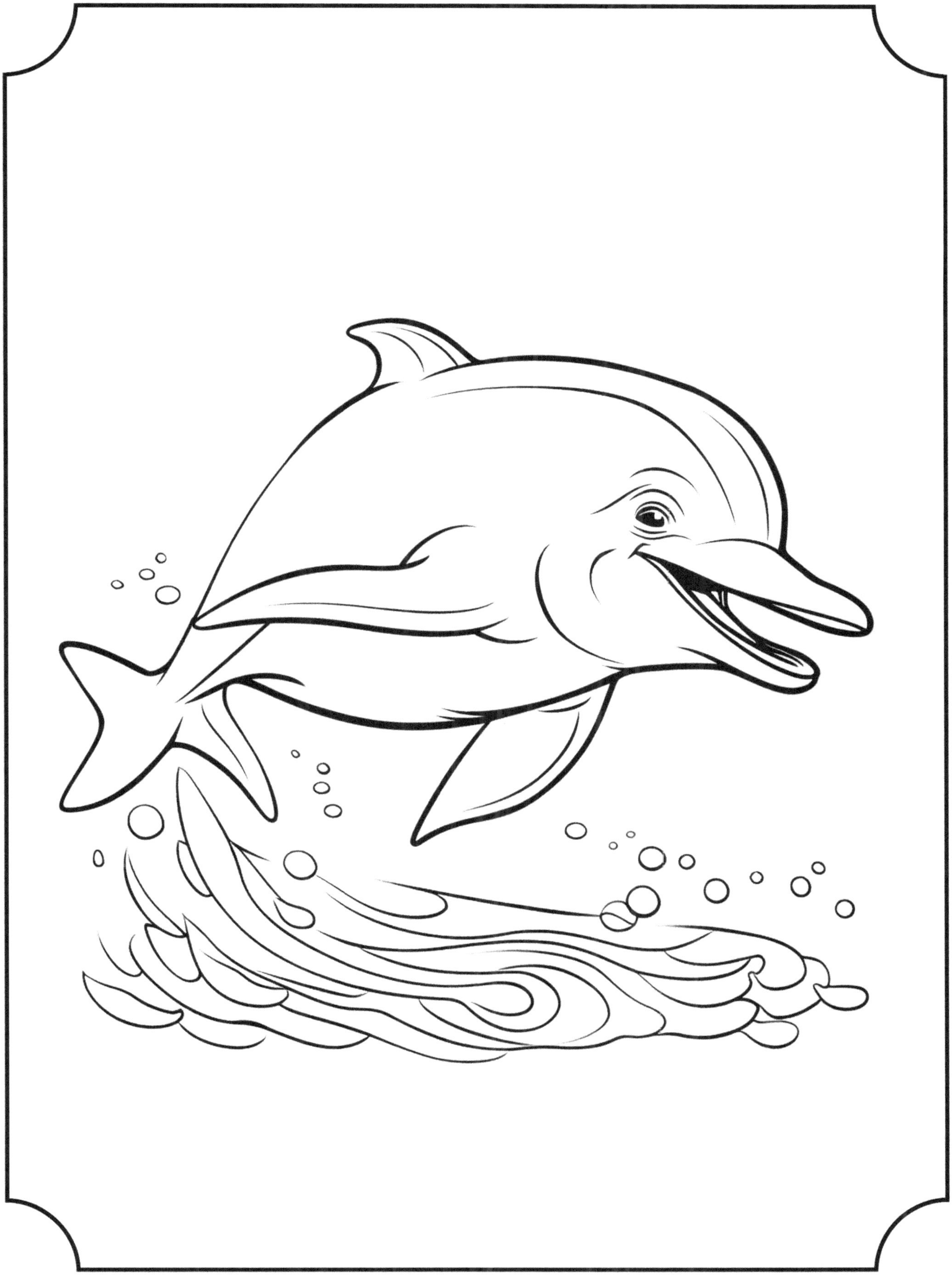

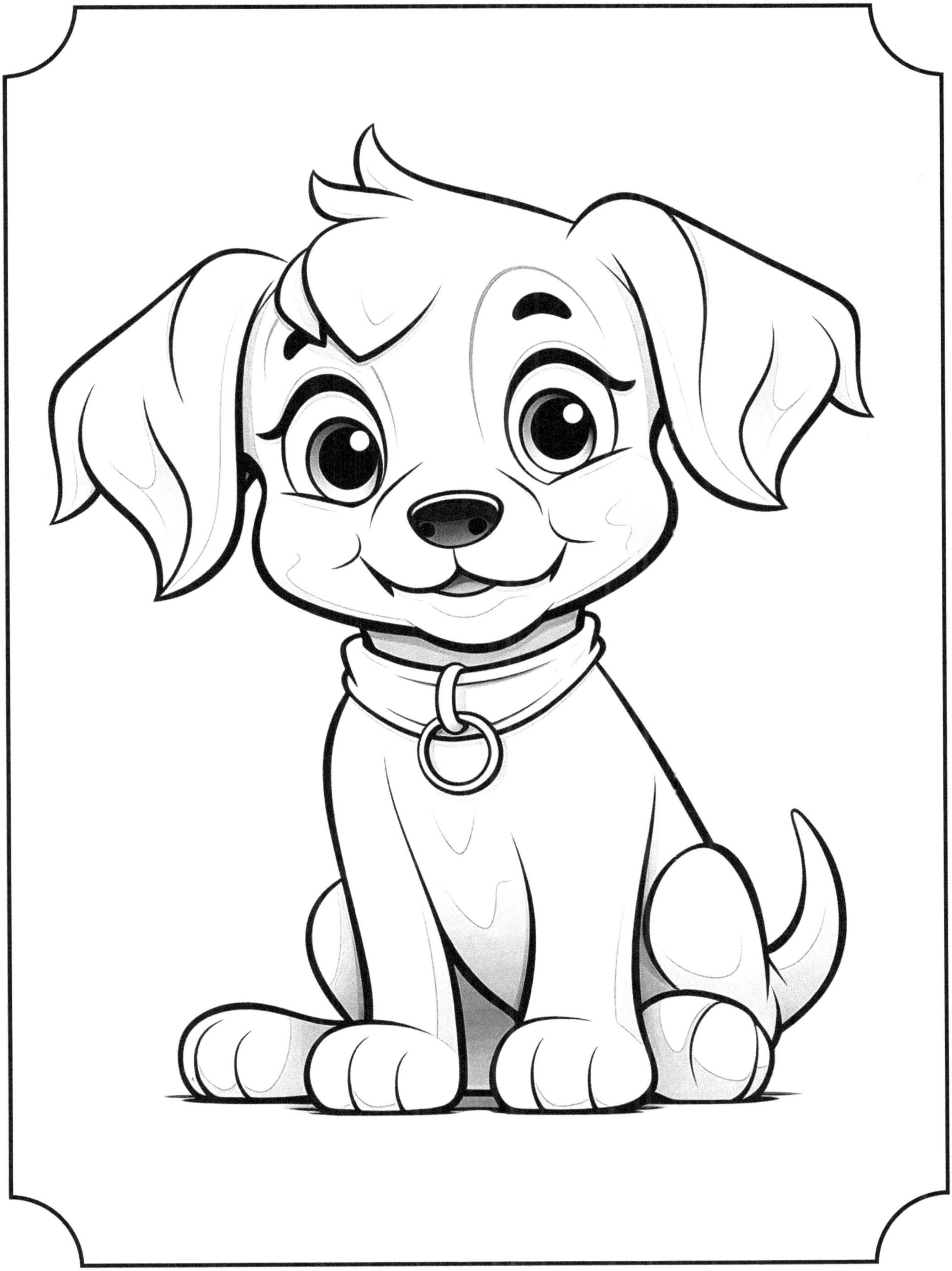

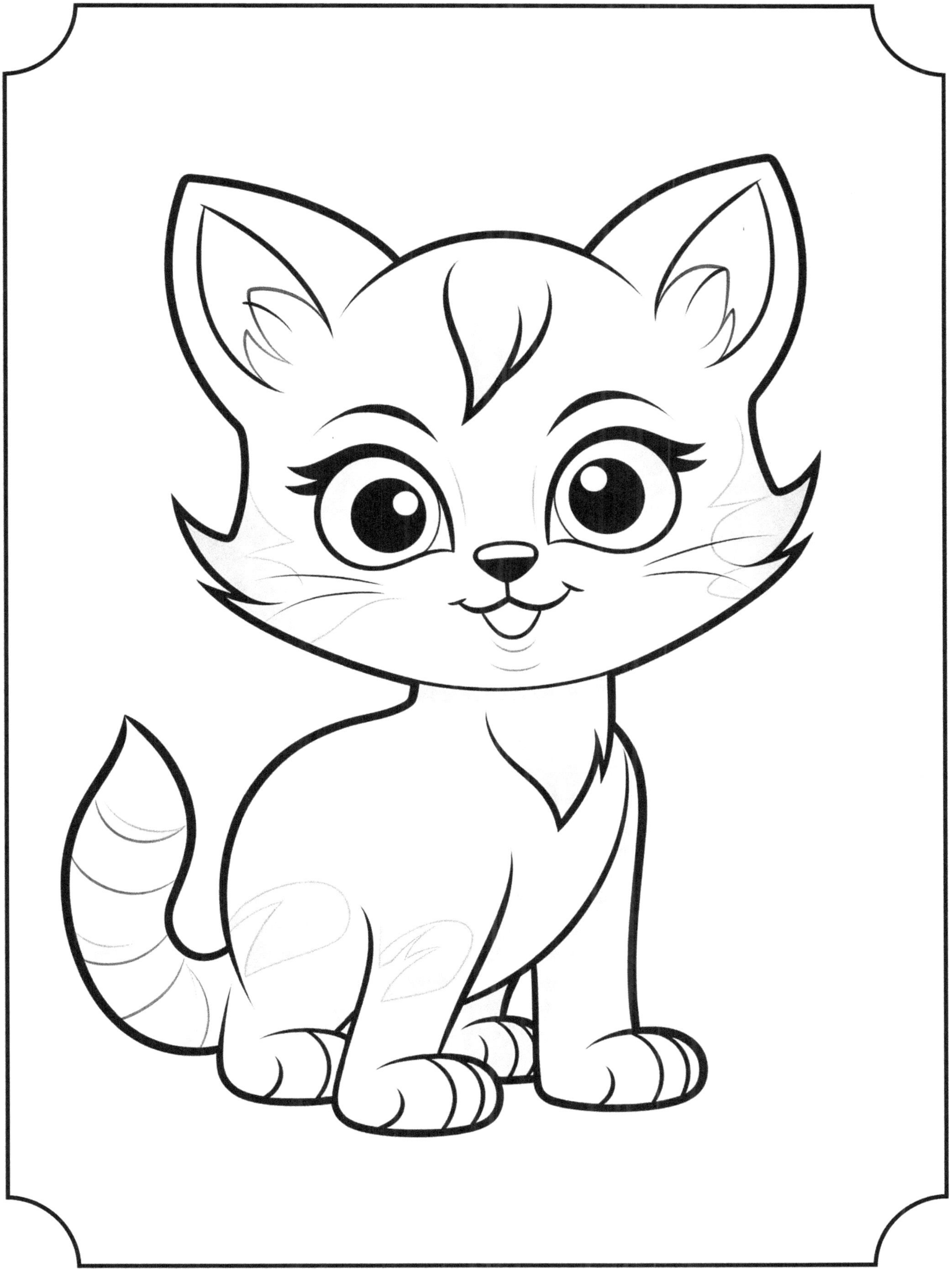

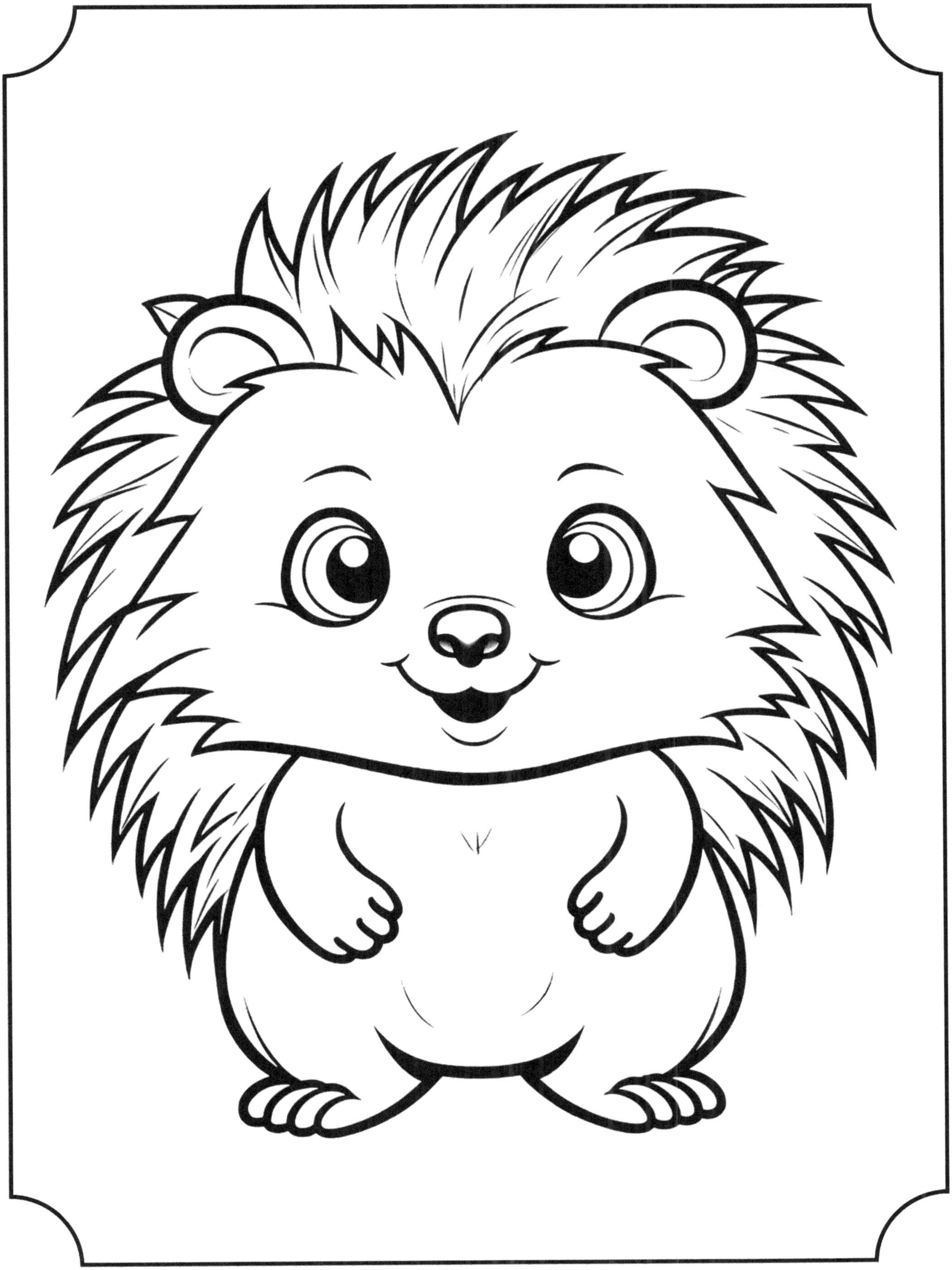

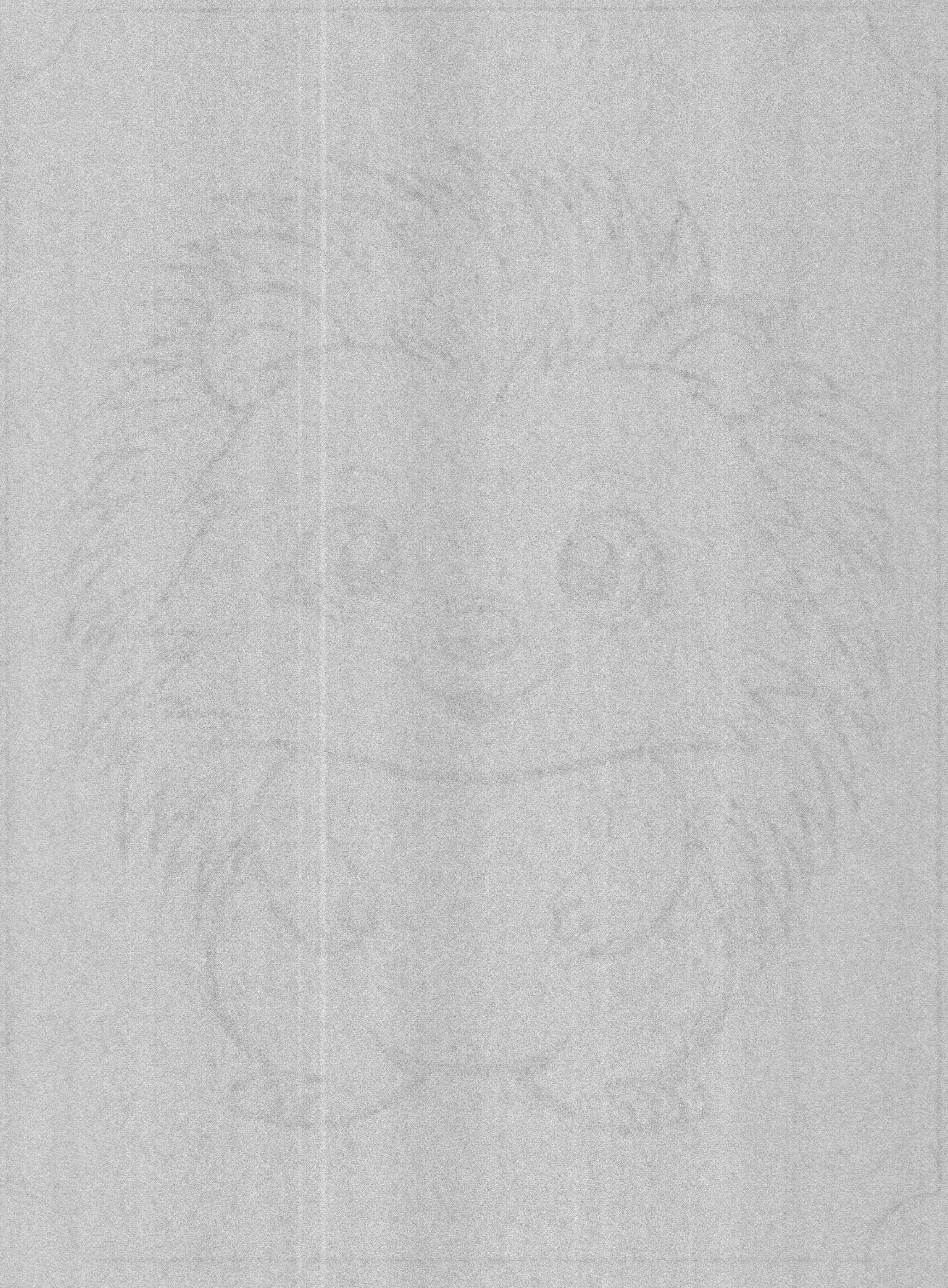

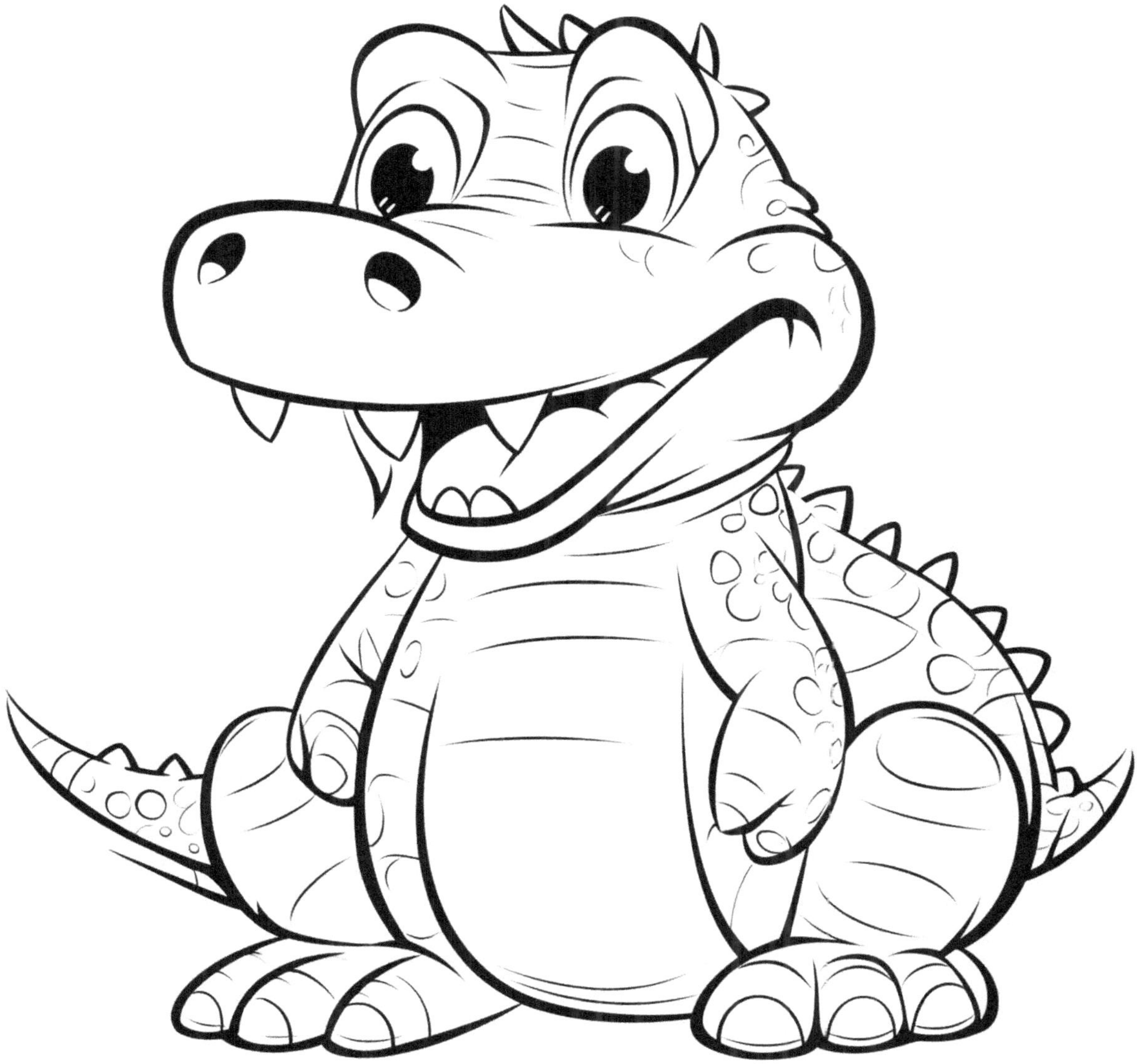

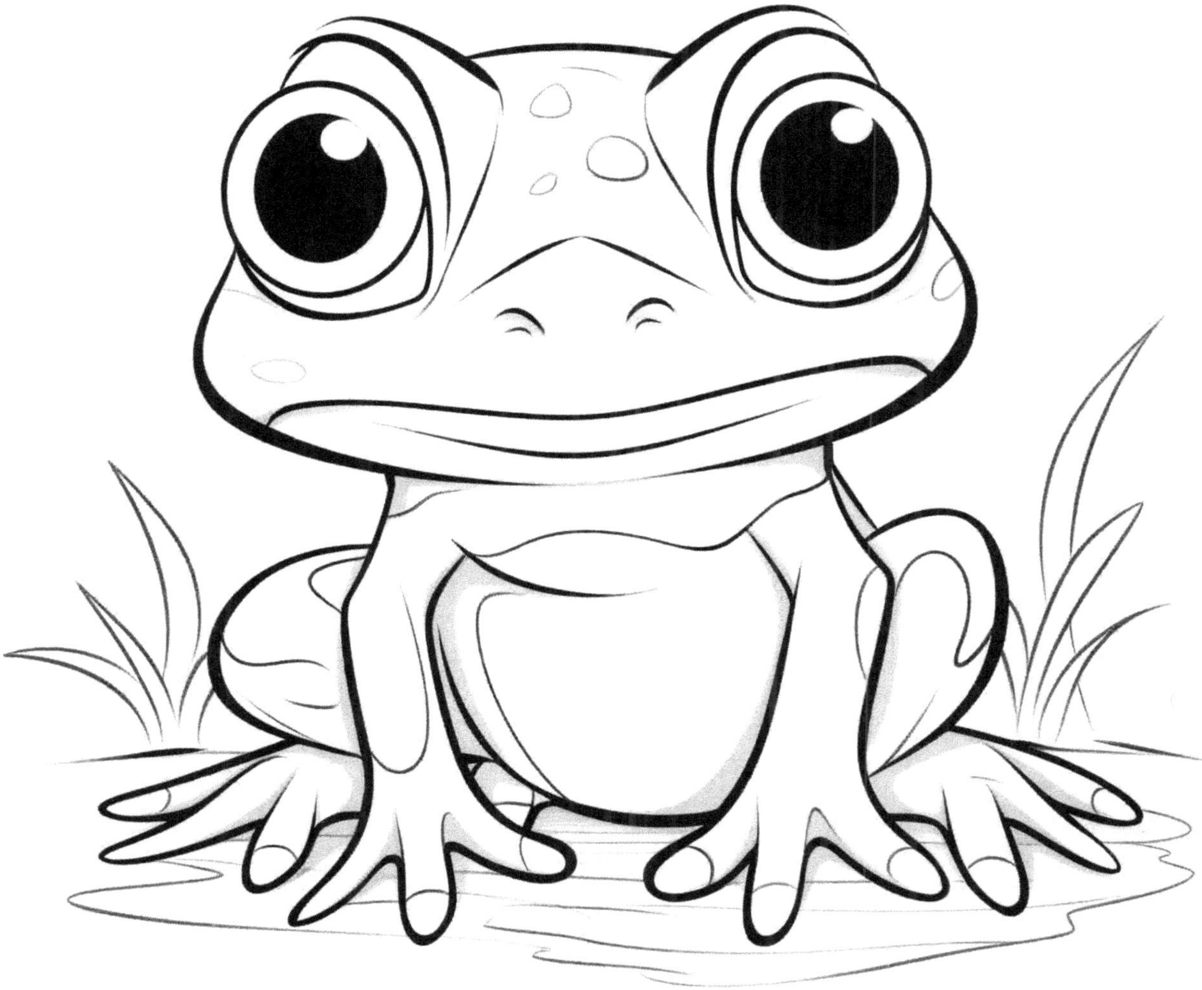

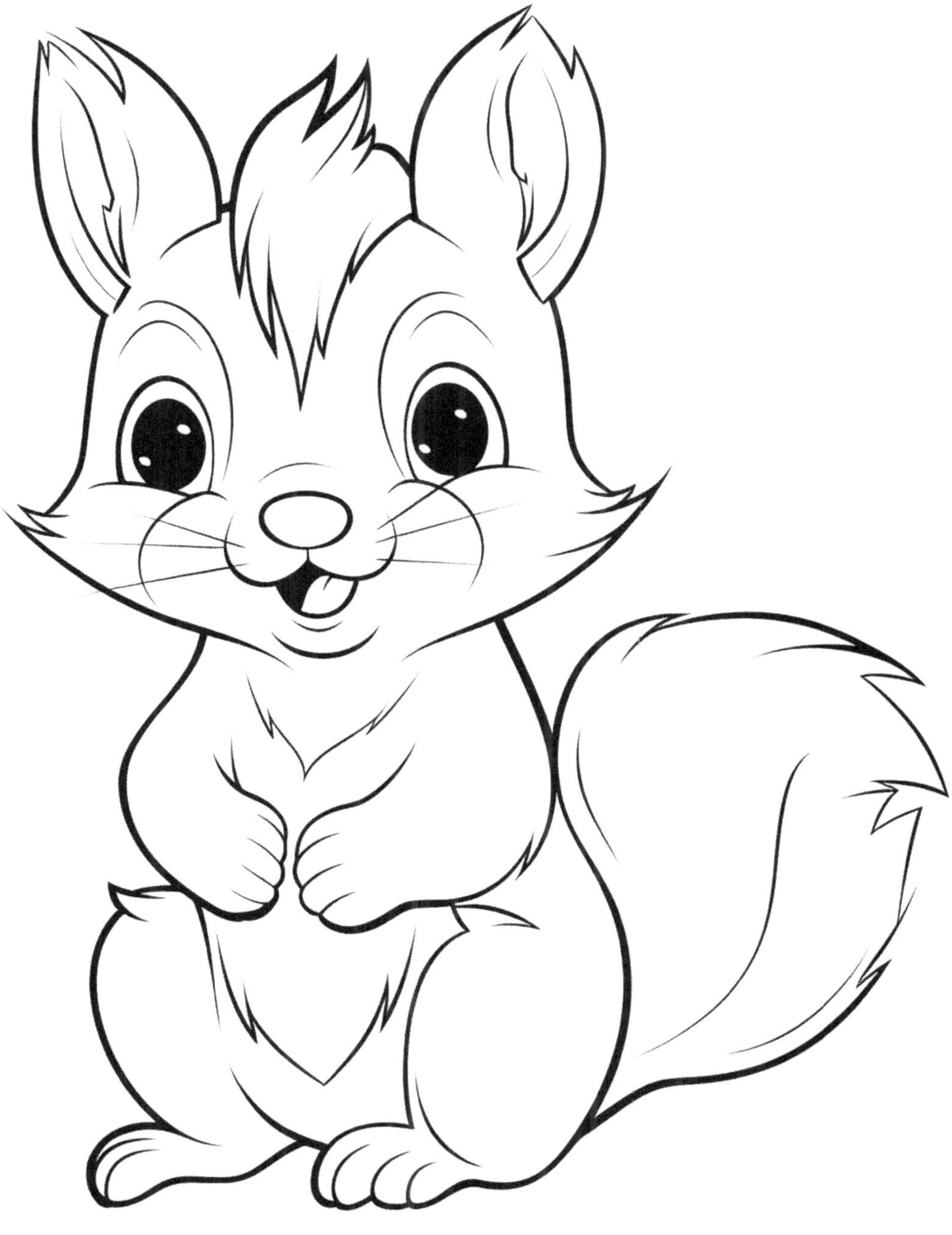

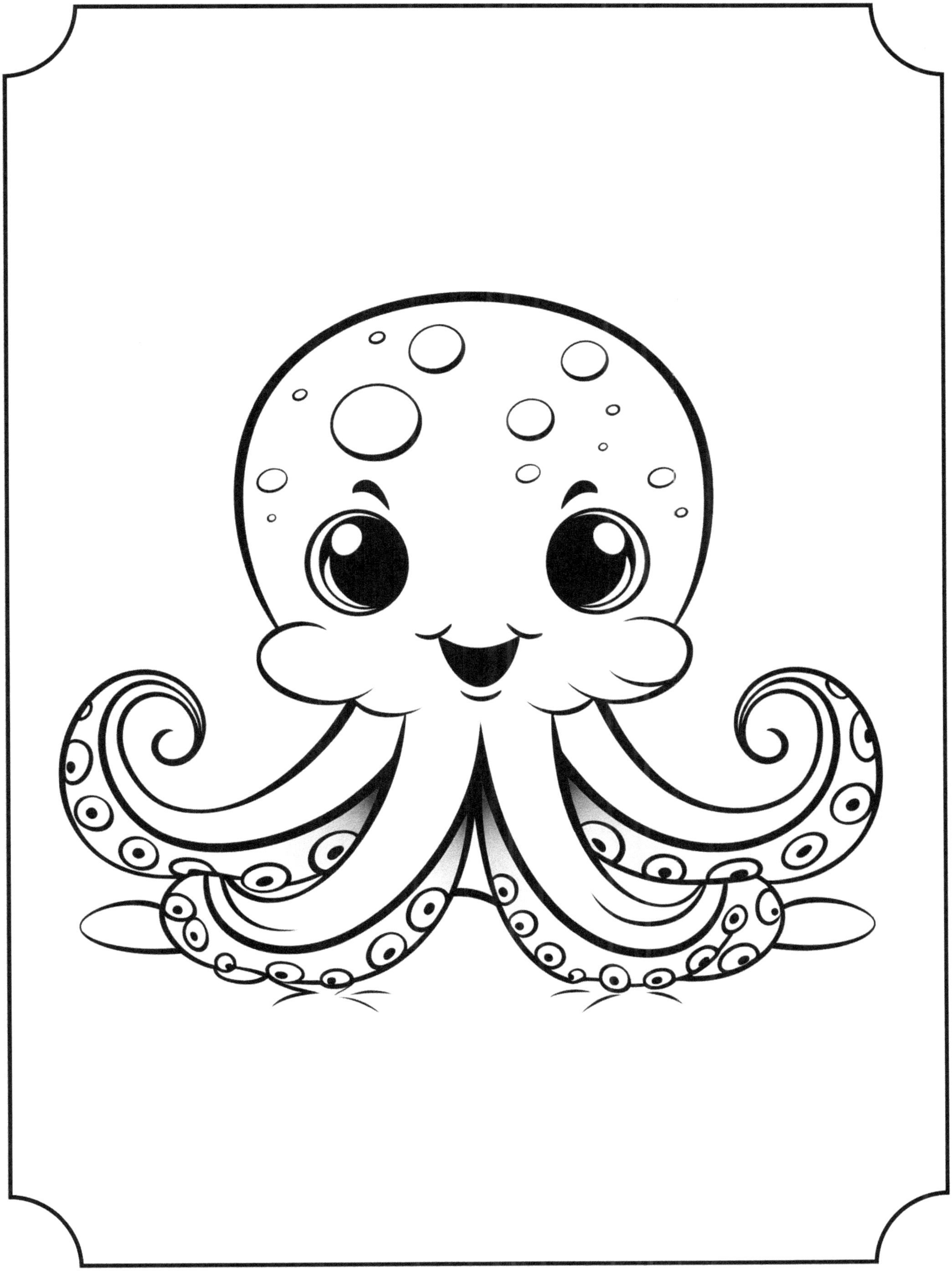

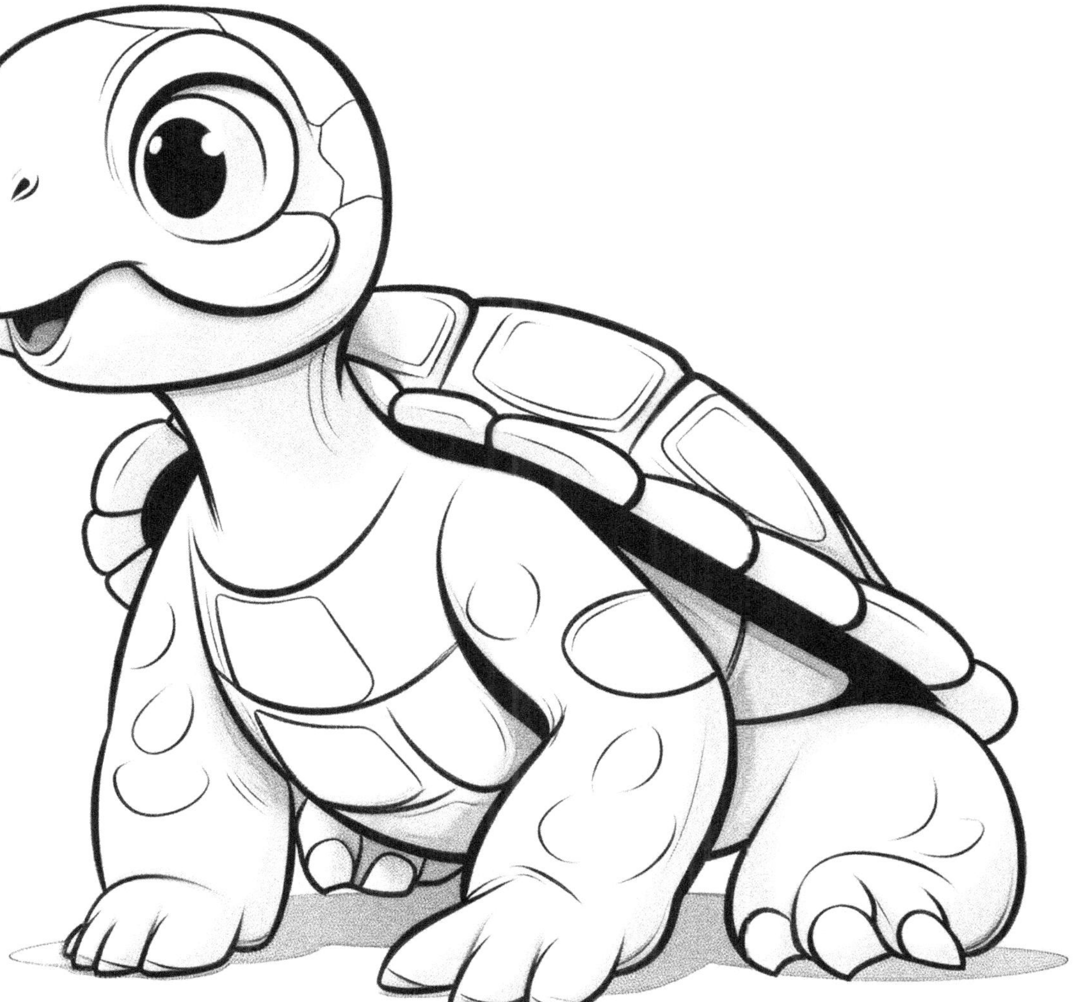

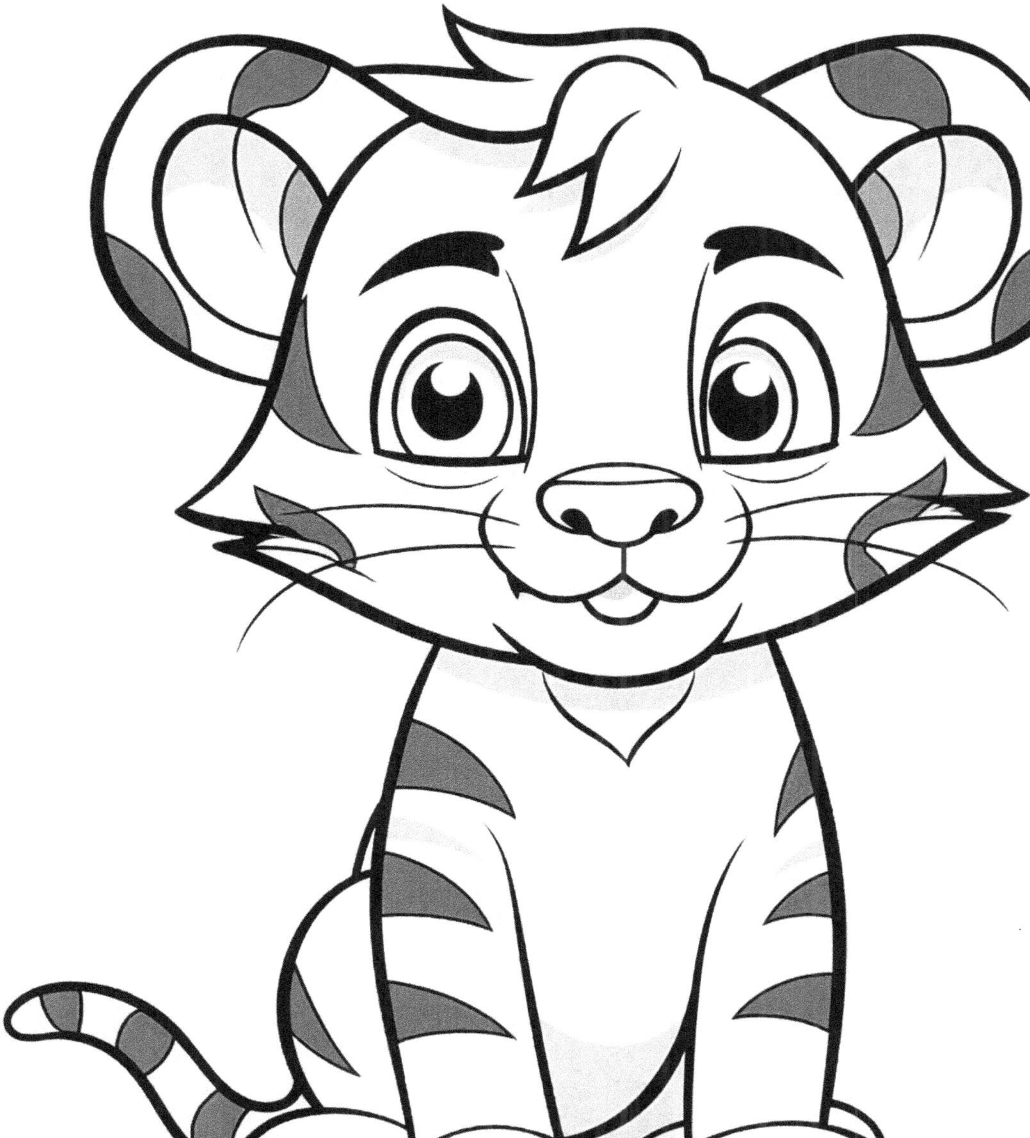

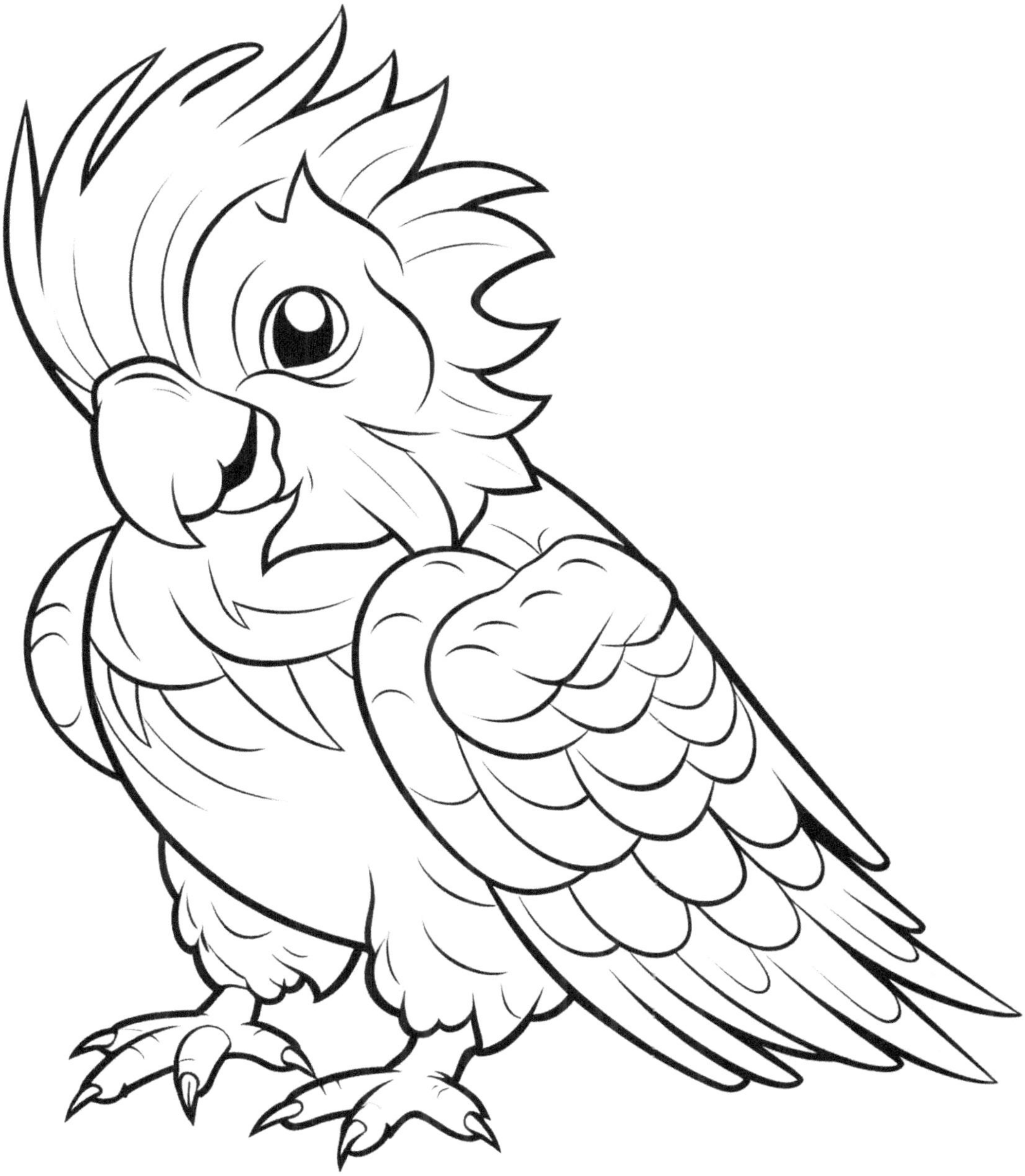

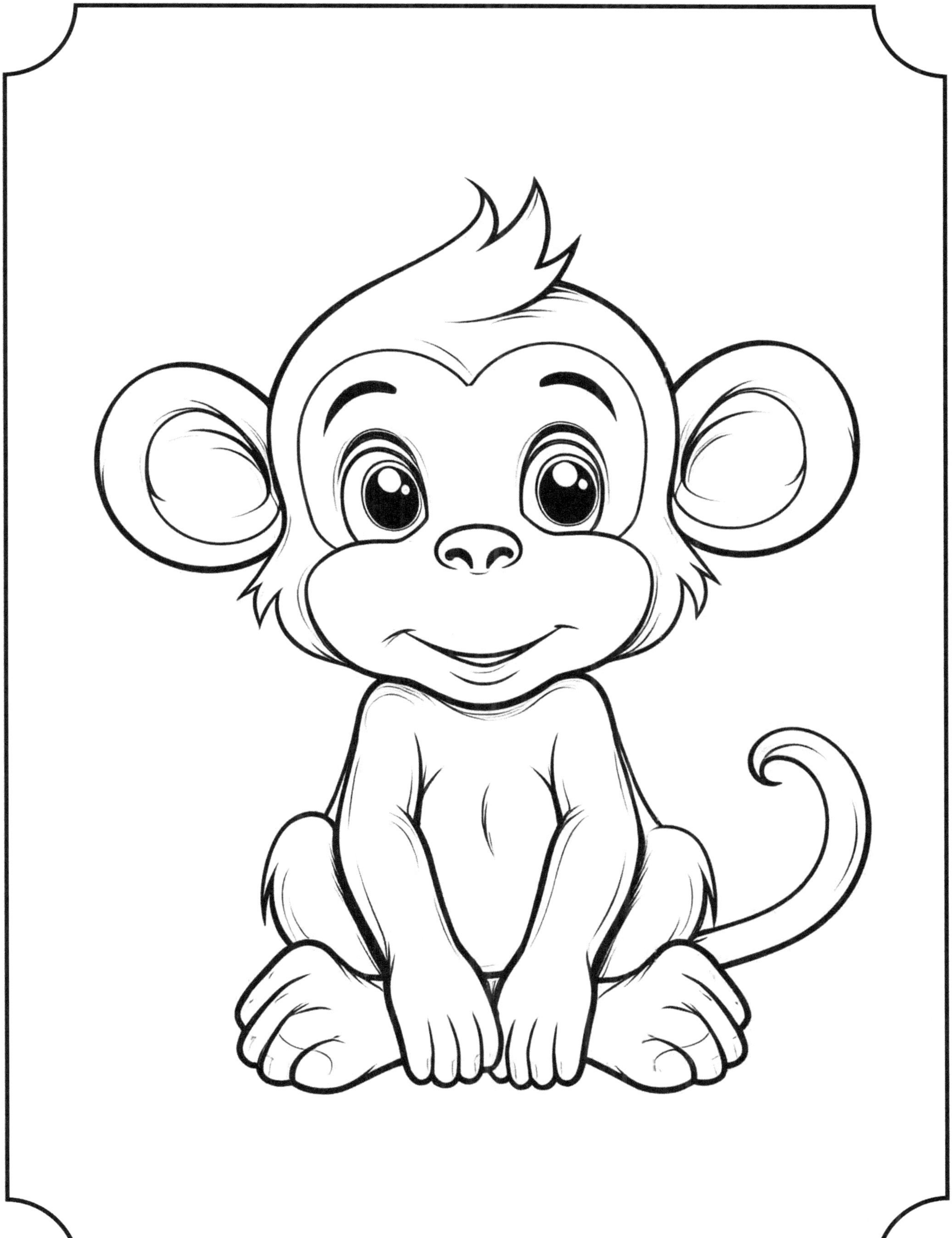

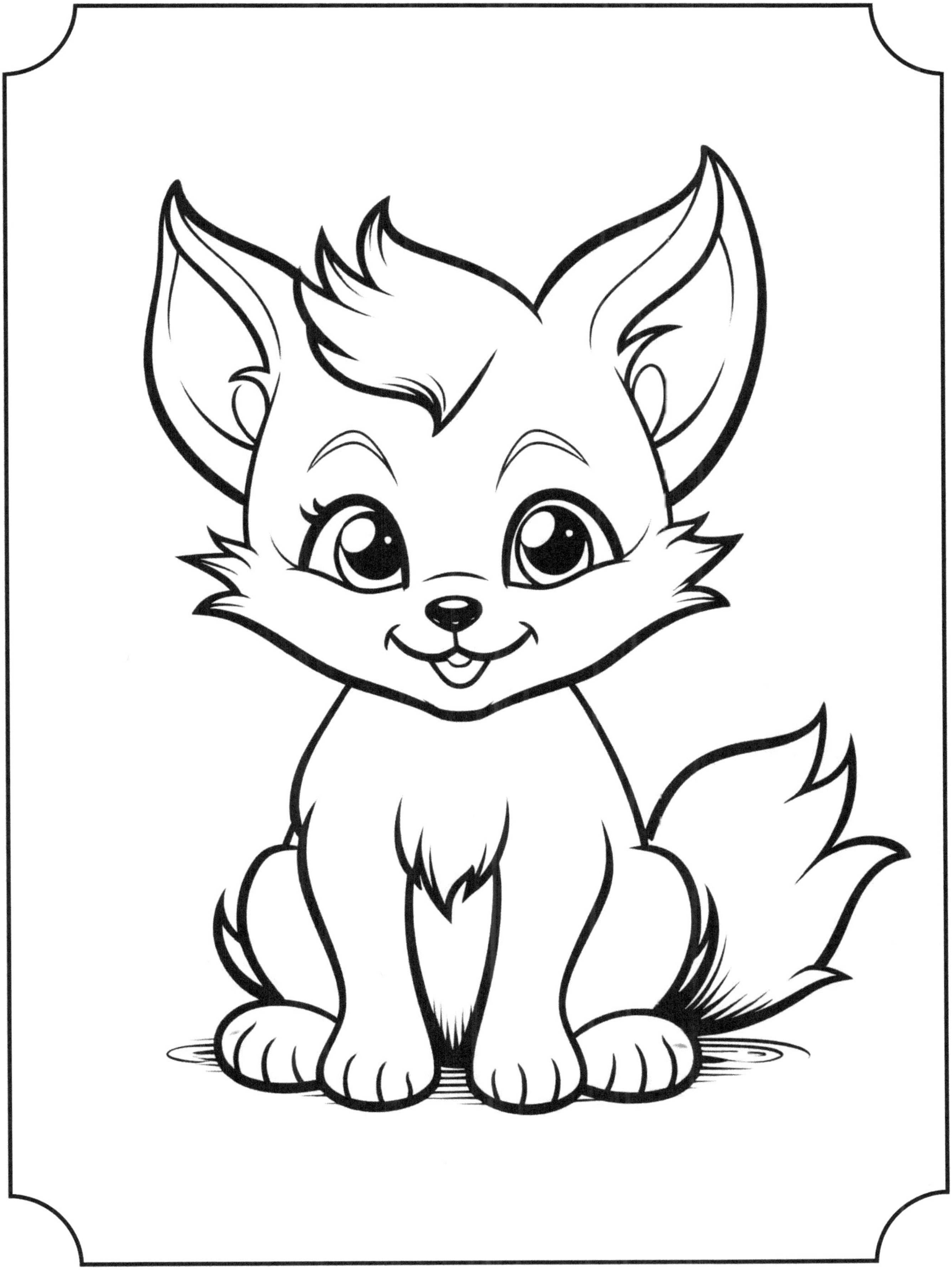

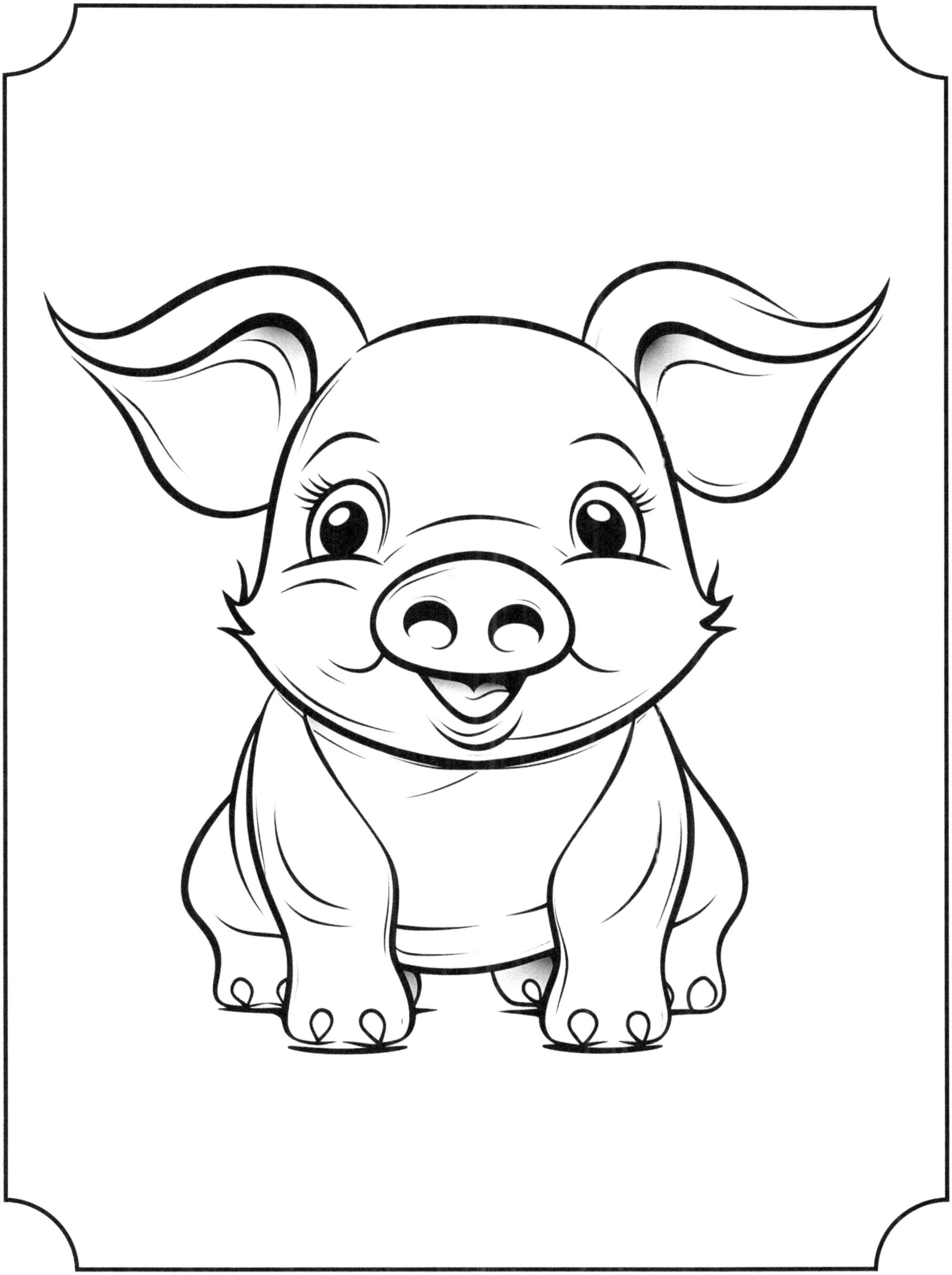

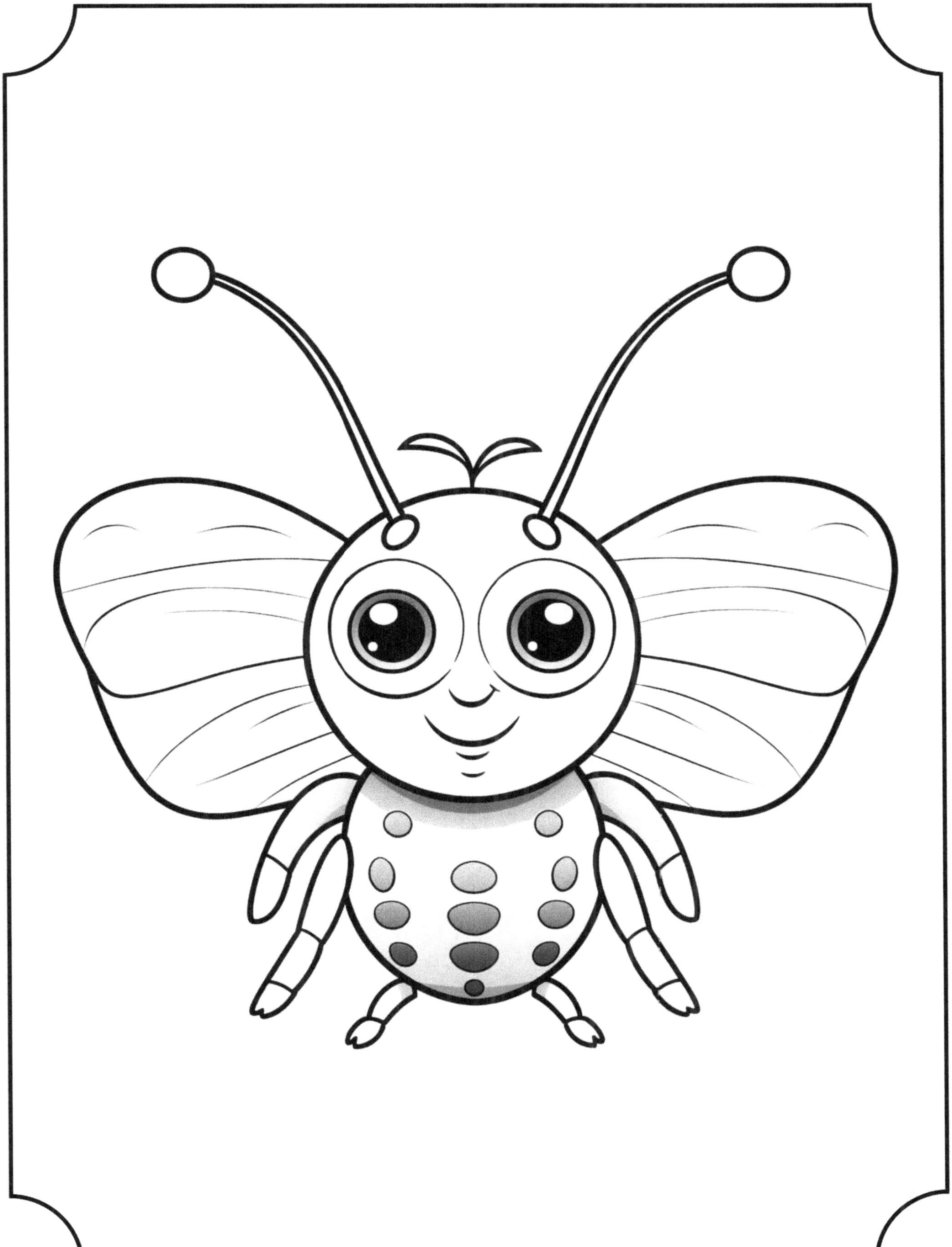

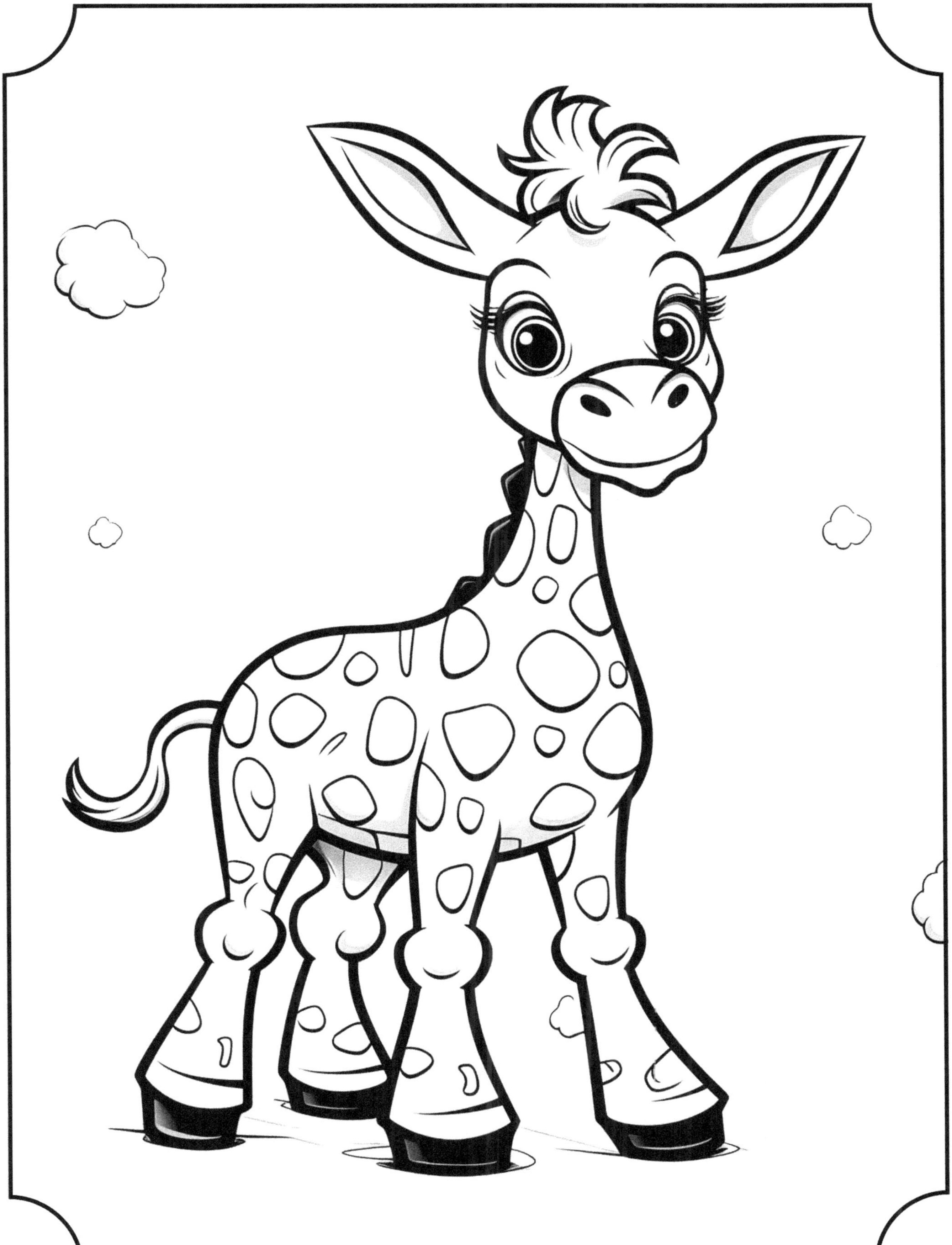

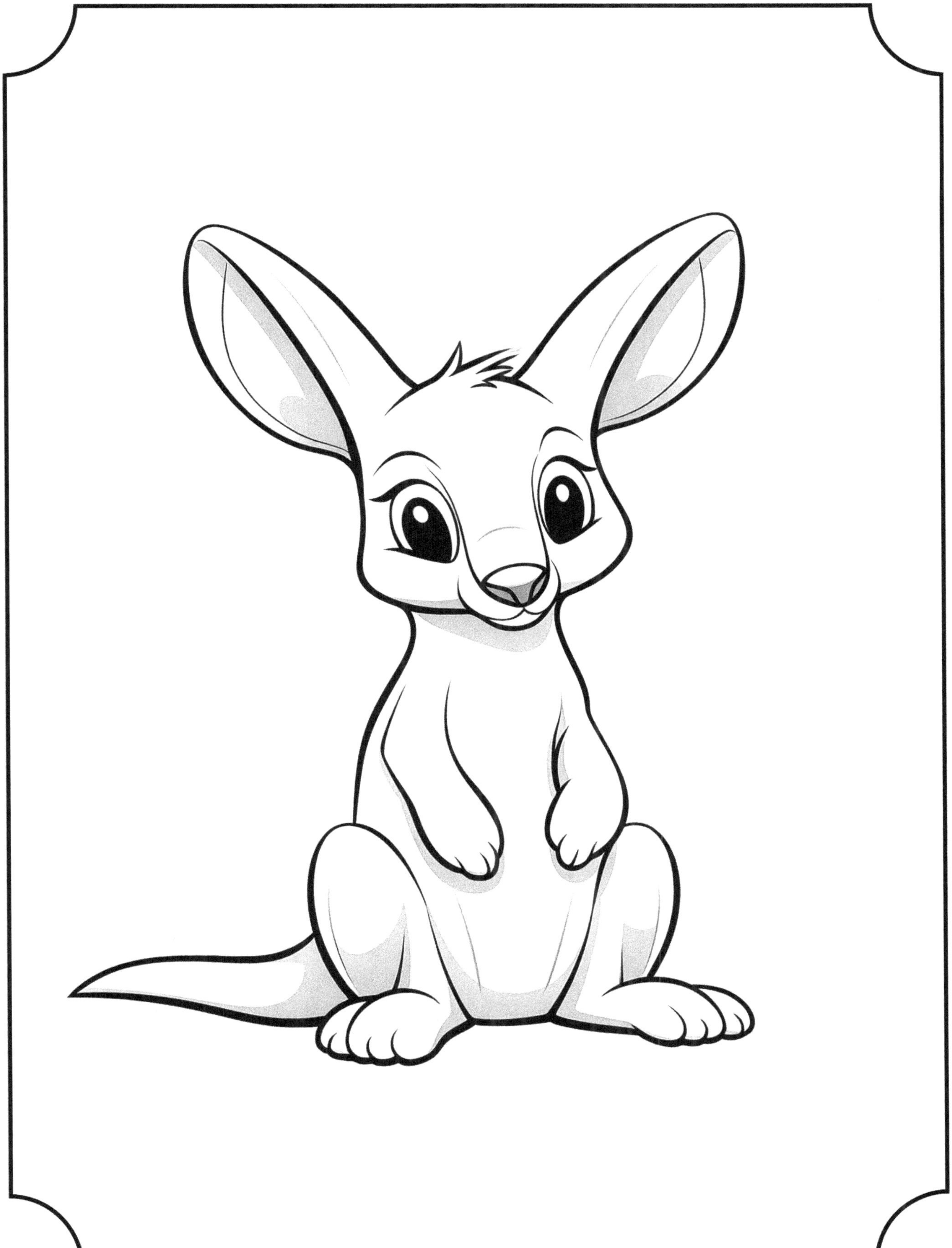

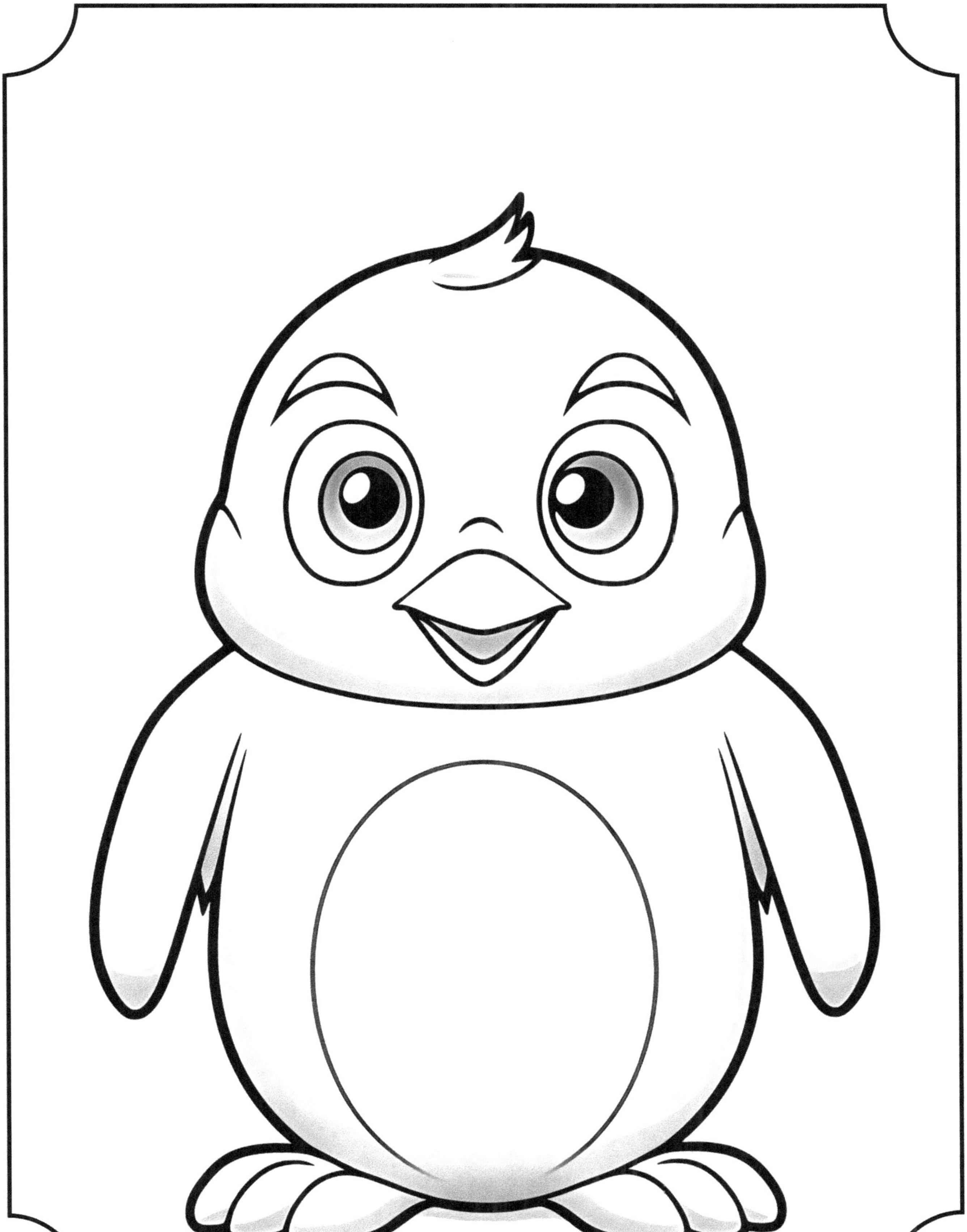

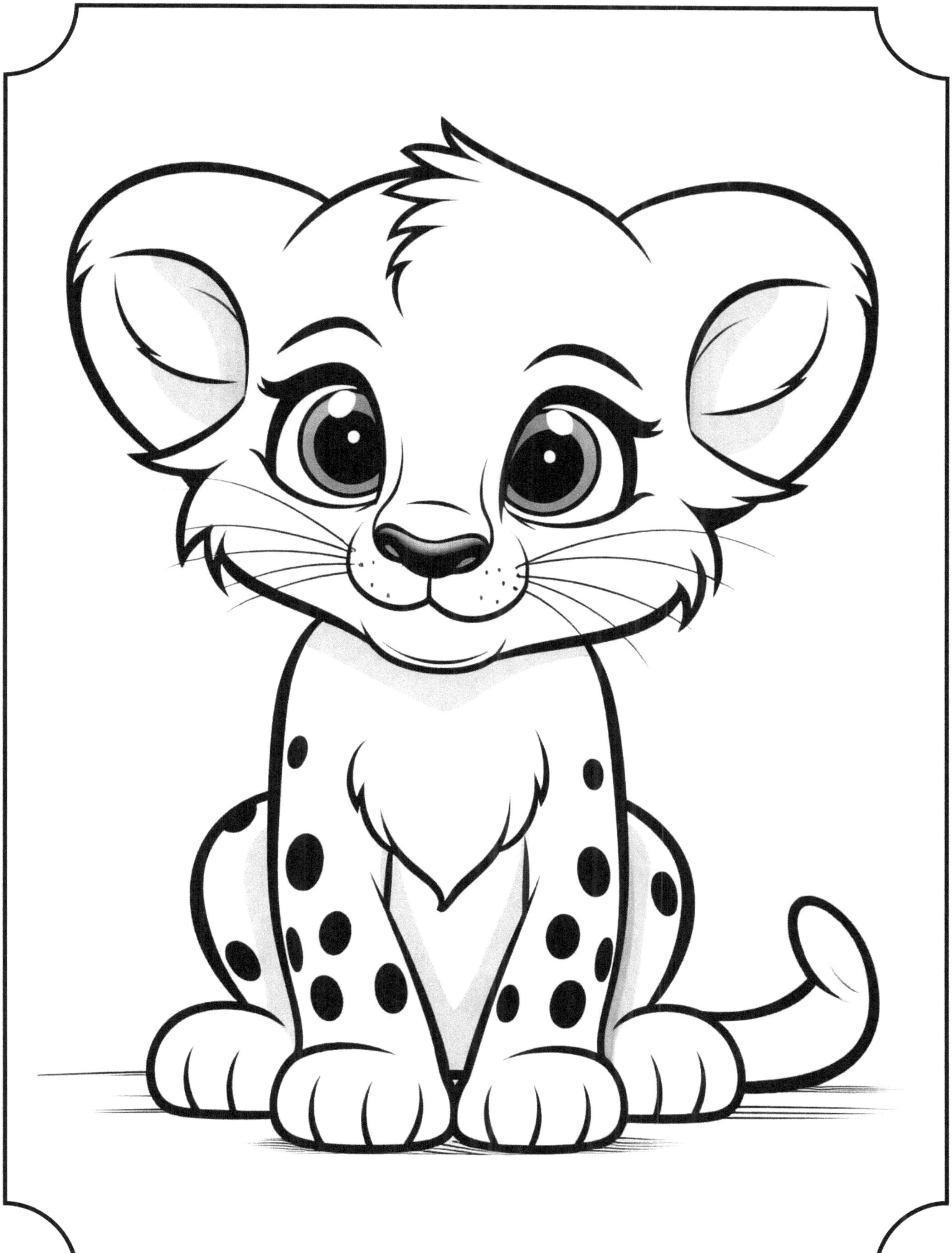

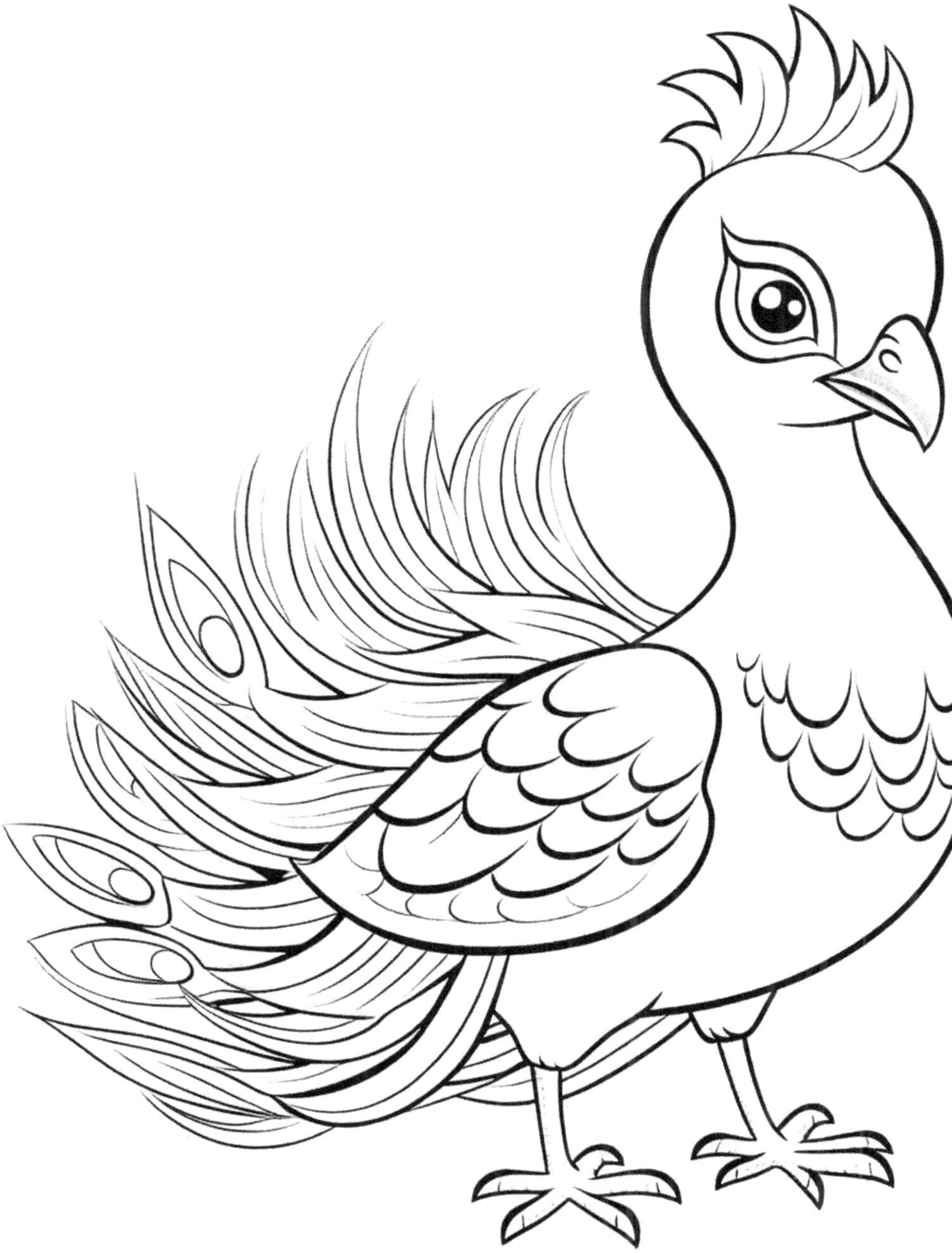

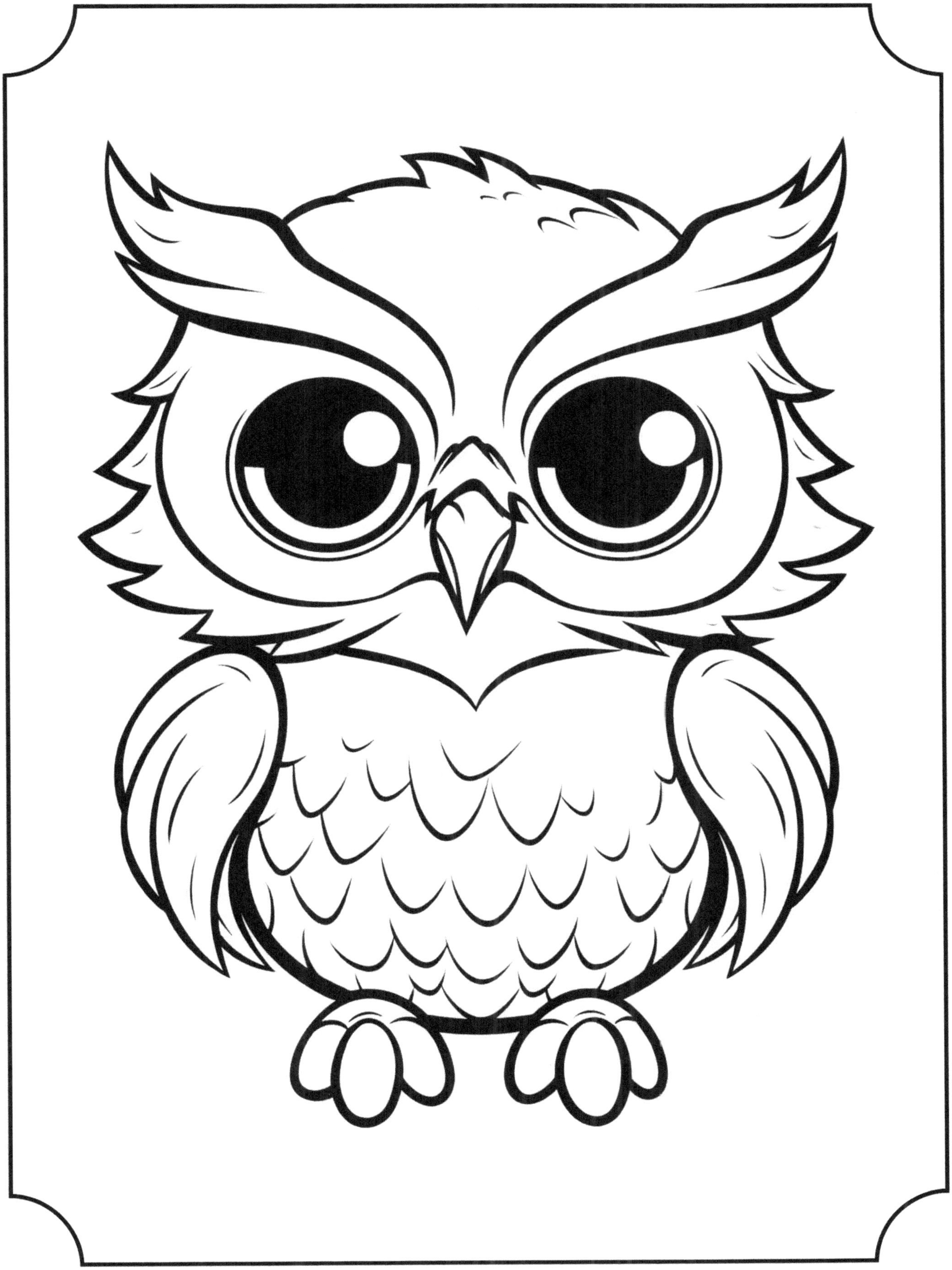

www.ingramcontent.com/pod-product-compliance
Lightning Source LLC
Chambersburg PA
CBHW060530010626
45794CB00023B/3287
9798861882668